아침달 시집

숨쉬는 무덤

김언

시인의 말

삼십 년 만에 첫 비, 라고 쓴다. 그사이 내리던 비를 모두 무시하고 내리는 비, 내리는 비를 피해 뛰어가는 사람들의 당황이 모두 처음 같다. 모두 처음 보는 얼굴이다. 비가 맞이하는 비의 얼굴, 내리면서 땅을 내리치는 비의 얼굴, 삼십 년 만에 비가 온다. 누군가 그렇게 쓴다. 비를 맞는 비의 거리에서 삼십 년 만에 처음 걸어보는 말, 너도 신기하니? 너도 이맛살에 구멍이 뚫렸니? 비가 어디까지 들어갔을까? 귓속이 얼얼할 때까지 흔들어보는 삼십 년 만에 첫 비. 너는 거리의 많은 이름을 들먹이고 잊어먹는 중이다. 열심히 첫 비, 라고 쓴다.

2003년의 첫 비를 그으며
지금의 첫 비를 다시 생각하며
김언

차례

1부

신체포기각서	12
나는 밖이다	13
큐빅과 고딕	14
방명록	15
洙暎을 생각함	18
환청, 허클베리 핀	21
업	22
이명	23
책을 덮고서	25
움직이는 고향	27
지난 10년간의 변화	29
하루살이의 속도	30

2부

몰라도 되는 것들	32
서력 2012년, 임진년	33
내일은	34
전봇대와 고양이의 마을	35
비의 공습	36
대화	37
두 개의 사건	38
벌레와 너와 나의 관계	39
벽 속의 노크	40
숨쉬는 무덤	41
말들	42
에버엔딩스토리	43

3부

아버지와 화분　　　　　　46

호수 여행　　　　　　　　51

자두나무 당신　　　　　　52

물구나무 당신　　　　　　54

초록나무 당신　　　　　　55

제니꽃 당신　　　　　　　56

내 죽음을 손질하는　　　　57

당신나무 당신　　　　　　58

하루는 당신이 와서　　　　60

4부

증명사진 62
이 문장이 다시 씌어지는 예문 하나 63
밤에 오는 사람 64
얼음의 표정 65
죽은 사람 66
몽유병원도 67
걸어 다니는 지도 68

부록
벌레 교습소 70

1부

신체포기각서

넘어갔다

오늘부로
내 몸뚱어리
빈집이 넘어갔다

그럼 나는?
당신 몸 밖의 나는?

나는 밖이다

나는 밖이다
이렇게 말하는 나는 밖이다
속에서 나를 끄집어내는 순간
이 순간에도 나는 밖이다
속의 당신이
속의 나를 후벼 파는
이 순간에도 나는 밖이다
속의 당신이 속의 나를 밀어내는
먼저 밀어내는 이 순간에도
나는 밖이다
속에서 우는 당신을
속에서 속에서 찢어버리는
이 순간에도 나는 밖이다
증오가 자라고 독이 자라고
속에 죽음이 가득 차는 순간
이 순간에도 나는 밖이다
이미 밖이다

큐빅과 고딕

대리석에 핏줄을 다 그려 넣었는데도 내가 돌 속에서 나올 생각을 하지 않는다 천장에 시퍼렇게 뜬 눈을 박아 넣었는데도 내가 지붕에서 내려올 줄을 모른다 방바닥에서 젖은 발이 빠지지 않는데도 내가 내 무덤에서 나올 줄을 모른다 밤새 전축에서 빗물이 줄줄 새는데도 내가 왜 우는지 내가 모른다 천천히 내 얼굴을 쥐어짜면서도 내가 왜 우는지 내가 모른다, 모른다 한다 벽에 심은 나무가 벌써 다른 벽을 타고 넘는데도 내 손이 떠는 이유를 내가 말해주지 않는다 바닥을 쓸고 가는 모래바람에도 내 혀가 타들어가는 이유를 내가 모른다 먼지를 걷어내고서도 내 얼굴이 안 보이는 이유를 건너편의 내가 모른다 거울 속의 나를 몽땅 끄집어냈는데도 밖으로 잠긴 문을 내가 열지 않는다 입속에 귀를 잔뜩 집어넣었는데도 안에서 끓어오르는 소문을 내가 모른다, 모른다 한다

방명록

(큰손님이 오셨군요 나는 이 말을 기대했는지도 모른다(이 말을 기대했던 게 분명하다 새벽에 불쑥 나타나서는, 가까이에 이렇게 좋은 분이 살고 계셨군요 이 말 한마디에 넘어오길 기다렸는지도 모른다(모른다? 이보다 더 우유부단한 말이 있을까 나는 썼다가 자꾸 지운다(지우는 버릇이 있다 처음 연애편지 쓸 때도 그랬다 썼다가 지우기를 몇 번이나 했는지(했었는지 편지를 완성하고서도 종이가 너무 더러워 다시 옮겨 썼던(옮겨 써야 했던 기억이 있다 글을 쓰는 건 하필이면 나무를 옮겨 심는 것과 같다(분갈이하려고 묘목을 뽑으면서 그런 생각을 했다 지금도 떨어져 나가는 건 대부분이 잔뿌리다 글을 쓴다면서 시를 쓴다면서 언제나 가장 섬세한 부분을 다친다(다치는 것이다 내 배려의 눈길이 죽음의 눈길이기도 하다는 걸 많은 시인들이 모르고 있다(모르거나 무시하고 있다 그런 점에서 나는 내 시에 내가 개입하는 것을 아주 싫어한다(싫어하는데도 자꾸 개입한다 혹자는(앙리 메쇼닉은 이걸 현대성의 증거로 보기도 하지만 나는 내가 인간이라는 사실에 우선 절망한다(간섭할 줄 모르는 인간은 인간이 아니다 인간의 역사는 간섭의 역사다 동물을 보면서(유순한 혁명도 모르는 동물을 보면서 나는 자꾸 안으로 숨는다(안으로 숨으면서 또 간섭한다 반드시 간섭한다 한 번이라도 내 글을 방문한 사물들이 그걸 증명한다(그들 대부분이 죽었거나 다쳤거나 이름을 바꾸었다 나는 그 시체를 먹고 살점을 먹고 이렇게 자랐다 나는 내 이름조차도 바꾸었다 이제 내 몸이 그걸 견

디지 못할 차례다(요즘 들어 식도가 자주 아프다 아버지도 물론 식도암으로 돌아가셨다 그러면서도 나는 내 자격을 의심한다(요절할 자격을 의심한다 요절의 반열엔 아무나 오르는 게 아니므로(차이가 있다면 그들은 너무 일찍 갔고 나는 너무 늦게 간다는 사실이다(요절을 하든 노환으로 가든 사고사로 가든 한 번은 간다, 반드시 간다는 사실이다(나는 요즘 이것조차도 의심한다 인간은 죽지 않는다, 고로 나는 죽지 않는다는 명제까지도 먼 미래로부터 나는 각오하고 있다 있는데 그런다고 죽음이 달라지는 건 아니다(영원히 죽지 않고 살든 한 번은 죽든 내가 내 죽음을 보지 못한다는 건 마찬가지다 그래서 쓴다 죽음을 대비해 쓴다(여기서의 죽음은 물론 글쟁이로서의 죽음이다 랭보는 이미 서른이 되기 전에 죽었었다(서른 대신 스물이라고 해도 상관없다 내가 주목하는 것은 그가 한창때 이 별에 남기고 간 그의 방명록이다(우리나라에 소개된 방명록 제목은 지옥에서 보낸 한 철이었다 죽음 이후(글쟁이로서의 죽음 이후 그가 육체를 정리한 곳이 이 별에서도(이 지옥에서도 가장 원초적인 곳(아프리카였다는 사실은 이 글을 정리하는(정리해야 하는 이 시점에서 시사하는 바가 매우 크다(많은 글에서 이런 식으로 정리하는 걸 배웠다 배웠는데 내 인생을(죽음을 정리하는 데는 아무 쓸모가 없는 말이라는 건 나보다도 이 글이 더 잘 안다(알고 있다 그러고 보면 내가 정말 하고 싶은 말은 괄호 밖에 다 있었다(괄호 밖에 있을 때는 안에 다 있는 줄 알았었다(끊임없이 들어가는데도(개입하는데도 내가 내 글을 닫지 못한다(는 사실을 어떻게 마무리 지어야 할까(처음부터 나는 이 말을 하고 싶었는지도 모른다(모른다? 이보다 더 분명한 말이 있을까(나는 썼다가 계속 지운다(지우는 버릇이 있다(

洙暎을 생각함

선생, 아직도 런닝을 입고 계시군요
(그는 런닝이 아니라 런닝구라고 바로잡아주었다)
처음 뵙던 날이 생각납니다
一九五八年度 現代文學 六月號였을 겁니다
그때 선생은 새를 보여주셨지요
움직이는 悲哀라고 하셨던 기억도 납니다
(그는 새가 아니라 비라고 정정해주었다)
저는 움직이는 비애를 모릅니다
가라앉은 뿌리는 더더욱 모릅니다
30년은 실패하기에도 짧은 시간이었지요
바람이 불어도 혹 바람이 불어와도
여기는 어수선한 변방입니다
(그는 변방에서 변방으로 들어가는 문을 열면
뜻밖에도 아메리카가 나온다고 했다)
저를 괴롭게 만드는 건 선생의 그 말투입니다
선생이 말을 더듬는 이유가
생활에서도 말을 더듬는 이유가
한 가지도 제대로 말하기 힘든 이 나라에서
여러 가지도 말하기 싫은 것임을 잘 압니다
압니다만 움직이는 바다 한가운데
떠듬떠듬 철근을 박고
다리를 놓은 것 또한 선생이었습니다

그건 생활이겠지요 선생이 말을 더듬어야 하는
생활이겠지요 (그는 자기가 자기의 시가
어떻게 사기 치는지 유심히 지켜봐달라고 했다)
선생이 선생의 시를 배신하는 것만큼
통쾌한 일도 없겠지요
선생의 시가 선생의 시를 거들떠보지 않는 것만큼
우스운 일도 없겠지요 없겠지만
한 달에서도 제가 깨끗한 날은 며칠이 안 됩니다
그런 날에도 태반은 바깥의 날씨를 모르는 날입니다
(그는 내가 모셔야 될 날은 따로 있다고 충고했다)
선생, 저는 시가 (안) 될 때 시를 씁니다
시가 (안) 될 때 시를 쓰고
전화는 하지 말고 편지도 쓰지 말고 시를 씁니다
시가 (안) 되겠다 싶을 때 사랑은 가고
어김없이 사랑은 가고 시는 씁니다
내일이 오늘로 도착하는 이 짧은 순간에도
사랑은 가고 어김없이 시는 씁니다만
(그는 이 무수한 반복이 좋다고 했다)
오늘을 멀리 보아야 하는 내 몸이 왜 아픈지
왜 아픈지 알면서도 왜 자꾸 병을 키우는지
선생은 모르고 내 시는 더더욱 모릅니다
(나는 용기를 달라고 했지 지혜를 달라고는 하지 않았다)

길어질수록 실패로 치닫는 내 시가
장시를 싫어하는 선생의 시가
오늘은 아무래도 용기를 배우는 날인가 봅니다
시가 (안) 되는데도 전화를 걸고 편지를 쓰고
다시 시가 (안) 되는 쪽으로 말을 겁니다
내일이 오늘로 도착하는 시간
종이가 부스러기가 되는 그 긴 시간 동안에도
선생은 선생의 시가 좀 더 난해해질 것을 요구하고
저는 이 시가 선생을 추억하는 이 시가
어디서부터 잘못됐는지 노려보고 있겠지요
(그는 10년 전 어느 참고서 지문에서
내 눈을 처음 보았다고 회고했다)

환청, 허클베리 핀

하루는 당신이 왔다 하루는 당신이 와서 내게 없는 바다를 꺼내어 당신에게 주었다 그게 사랑이었다(데리다) 아니다, 나는 내 사랑이 좀 더 난해해질 것을 요구한다(수영) 아니다, 재능은 주어진 것이고 변하는 것은 문학이다(춘수) 아니다, 죽어보니 또 정오였다(랭보) 아니다, 해탈하고 싶다 해탈하고 싶은 마음조차 해탈하고 싶다(싯다르타) 아니다, 살고 봐야겠다(발레리) 아니다, 모든 새로운 밤은 능숙한 아내보다도 서투른 애인에게 훨씬 더 가능성이 있다(바흐친) 아니다, 원래 제목은 그게 아니고 곱슬머리 앤이다(허클베리) 아니다, 빨간 것은 나무다(상순) 아니다, 나는 단지 콩사탕이 싫다고 했을 뿐이다(승복) 아니다, 태초에 환청이 있었다 아니다,

업

내가 왜 사업을 벌였는지 모르겠다) 내가 왜 한 사람의 재능을 책임지고 한 사람의 미래를 추켜세웠는지 모르겠다) 한 사람을 꼬드기듯 한 사람을 뽑고 한 사람의 목을 꺾는 것도 내가 벌인 내 사업이다) 시인 앞에서 주제 넘는 사랑을 하는 것도 내 사업이고 미련 없이 손을 떼고 미련 없이 이불을 덮어쓰는 것도 내 사업이다 내가 벌인 내 사업이다) 세상에 조용한 사업이란 없다 나는 내 사업을 어수선한 거리 한가운데서 포기해버렸다)고 말하는 것도 내게는 사업이다 내가 벌인 내 사업이다 시대가 엉터리라도 그걸 일깨우는 내 나이가 엉터리라도 먼지를 믿는 것이 먼지의 고마움을 아는 것이 내 사업이다) 끝도 없이 늘어가는 계단 앞에서 까닭 없이 웃는 것도 내 사업이고 까닭 없는 내 사업을 내가 비웃는 것조차도 하나같이 내 사업이다) 시대가 시대를 배신하듯 나는 내 모멸감마저도 사업으로 키운다 이게 사랑이라고 그래도 이게 사랑이라고 눈물을 꾹꾹 눌러 담는 것도 담아서 키워야 하는 것도 내게는 사업이다 내가 사랑하는 내 사업이다) 끝도 없이 사업은 커져가는데 내가 내 글을 여기서 마쳐야 하는 것도 내게는 사업이다 내가 벌이고도 내가 끝내고 싶은 내 사업이다 내가 왜 사업을 벌였는지 모르겠다)

이명

더러운 기타 소리를 들으면서
내 더러운 귀를 생각한다
더러운 것 가여운 것은
오히려 귓속에 들어앉은 벌레들이다
한 번도 이름을 밝힌 적이 없는 벌레들이
죽은 듯이 알을 까고
죽은 듯이 알을 깨고 나와
귓속에서 눈 속으로
눈 속에서 다시 더러운 내 눈을 들여다본다
더러운 기타 소리를 들으면서
저게 왜 더러운지 더러울 수밖에 없는지
내 눈은 생각한다
내 몸에서도 가장 더러운 곳
한때 사랑을 품었던 내 갈비뼈 부근을
건드려놓고 가서가 아니다
끊어놓고 가서는 더더욱 아니다
반성하고 있는 내 몸이
지금 반성한다고 선언하고 있는 내 몸이
이제까지의 내 몸을 이길 수가 없기 때문이다
이기지도 못할 몸을 이끌고 나는
배가 고픈 것도 모르고 종종 메스를 갖다대는 것이다
가슴에서도 가장 깊숙한 곳엔 물론 벌레들이 살고

벌레들은 죽으면서도 끝까지 더러운 물감을 흘린다
더러운 것 가여운 것은 오히려 그들이다
더러운 기타 소리를 들으면서도
나는 이때가 가장 존경스럽고 신기하다
배가 고픈 것도 잊고 죽은 듯이
신음하는 벌레들의 눈을 들여다본다
나는 내 얼굴을 볼 생각이 없다

책을 덮고서

겨우 연애 한 번 실패한 걸 가지고
내가 죽었다고 하는 사람들이 있다
그래서 친구 몇 명 잃은 걸 가지고
내가 정말 죽어야 한다고 생각하는 사람들이 있다
내가 몇 년째 사람 구실을 못 한다고 해서
죽어야 한다면
죽었다고 한다면
지금 내 앞에 살아 있는 나는 뭔가
살아서 이렇게 떠들어대는 나는 뭐란 말인가
죽은 내가 떠든다고 해서
죽은 내가 살아나지 않는다고 하는 사람들이 있다
한 번씩 죽음이 진짜처럼 들리는 걸 가지고
내가 진짜로 죽었다고 떠드는 사람들이 있다
그래 나는 진짜로 죽었다
죽었었다
두꺼운 이 철학 책이 따로 증명해주지 않아도
나는 지난여름 진짜로 죽었고
죽었었고
죽었다고 지금은 내가 증언하고 있다
내가 요즘 이상한 책을 읽는다고 해서
내가 이미 내가 아니라고 주장하는 사람들이 있다
겨우 연애 한 번 실패한 걸 가지고

내가 아니라면
이미 내가 아니라면
달라진 건 또 뭐가 뭐란 말인가
몹쓸 그년은 그대로 몹쓸 그년이다
덕분에 증오 몇 번 한 걸 가지고
내가 다시 일어설 거라고 믿는 사람들이 있다
겨우 죽음 몇 번 본 걸 가지고
내가 바뀔 거라고 믿는 사람들이 아직도 있다

움직이는 고향

몇 차례 언어를 개종하면서도
내가 싫어하는 사람은 있다
몇 차례 개종을 거듭하면서도
내가 싫어하는 나라는 있다
증오를 모르는 이 나라에서도
기적적으로 축제가 열리는 때가 있는데
나처럼 못마땅한 우리끼리도
이럴 때는 술잔을 주고받고
함부로 부둥켜안는 순간이 있다
부둥켜안고 우는 사람들 틈에서
우리는 누구보다
또 내가 개종할 사람이라는 걸 안다
몇 차례 언어를 개종하면서 나는 일을 찾지 않는다
나는 이 나라에서 세금을 낸 적이 없다
가까스로 벌금을 문 적은 있는데
나는 그 돈이 어디로 흘러가서
또 어디로 스며드는지 알면서도
말을 바꾸어왔다 몇 차례
축제를 경험하면서 사람들의 표정이
어떻게 움직이는지 우리는 잘 모른다
잘 모르는 게 고향이니까!
와중에도 나는 여기 살고 있는 사람이고

내 사는 것이 여기서 멀지 않은 사람이고
지금도 내 고향은 움직이기 바쁘다
드물지만 이 사실을 받아주는 우리들이 있고
받아주지 않는 우리는 더 많다
나는 여전히 못마땅한 얼굴이지만
우리 중에 누구도 이 나라에 같이 온 사람은 없다
나는 나와 다른 출신이다

지난 10년간의 변화

좋아하는 사람이 생겼으나 신경 쓰지 않기로 함. 지난 10년간의 변화. 사람 하나 잊는 것에도 격식을 차림. 지난 10년간의 변화. 사과나무 어린 묘목에까지도 내 눈길은 죽음의 눈길. 지난 10년간의 변화. 쥐어짜지도 않았는데 물방울이 자꾸 떠다님. 눈언저리에서부터 머리맡의 베개 밑까지. 지난 10년간의 변화. 한 사람이 누웠다 갔음. 사소한 발견이 계속됨. 작년 이불에선 생리혈 자국. 지난 10년간의 변화. 피보다 진한 것을 마심. 중심에서부터 썩어 들어감. 지난 10년간의 변화. 바깥 날씨가 몰라보게 변했음. 내 안에서부터 자꾸 안해라고 부름. 나도 모르는 안해가 생겼음. 지난 10년간의 변화. 웬만한 것에는 대꾸도 안 함. 부르지도 않았는데 당신이라고 부름. 지난 10년간의 변화. 안해 주제에 시를 쓰고 시인 주제에 정치를 하고 돈을 벌고 사랑을 함. 지난 10년간의 변화. 시인들끼리의 결혼이 부쩍 늘었음. 불구는 불구끼리 결혼하는 풍속도. 기특함. 지난 10년간의 변화. 기특하다 못해 신기함. 이것도 사랑이라고 고백하는 당신이 신기함. 신기하다 못해 아찔함. 지난 10년간의 변화. 점점 가속도가 붙음. 먼저 시부터 떨어져 나감. 다음에는 당신. 아마도. 지난 10년간의 변화. 맘에도 없는 말을 자꾸 함. 거짓말에도 빈틈이 없어짐. 없는 중에도 완벽하게 늙어감. 이미 속도는 붙었음.

하루살이의 속도

이게 설움인지
이게 설움인지 통곡인지
이게 설움인지 통곡인지 아니면 발악인지
모든 속도에는 가래가 끓고
모든 속도에는 그래서 설움이 먼저고
먼저 가는 설움마저 뒤로 처질 때
그때서야 속도는 가장 가벼운 빛이 되고
그때서야 속도는 가장 느린 시간을 체험한다

죽음은 정지하는 게 아니다

2부

몰라도 되는 것들

내가 이때까지 신주처럼 모셔왔던 것들
도대체 모순이 없는 것들
내 안에서 가장 완벽한 것들
세상에서 나만 알고 있는 것들
이라고 믿어왔던 것들
알아도 그만 몰라도 그만
이어서는 안 되는 것들
죽어서도 놓기 싫은 것들
놓쳤는데도 자꾸 따라오는 것들
것들 것들 건들거리며
도대체 앞뒤가 안 맞는 것들
끝까지 모순이 없는 것들
속에 알을 싸질러놓는 것들
내 안에서 내가 아닌 것들
그만 죽어도 좋은 것들
죽어서도 내가 아픈 것들
후회하고 다시 보는 것들
이라고 일러주는 것들
일러줘도 내가 모르는 것들
몰라서 더 모르는 것들
몰라도 되는 것들

서력 2012년, 임진년

멀리 갔다 온 당신들은 말이 서로 달랐다
조정에서도 말이 서로 달랐다 어제까지
아무 일도 없었으므로 당신은
이웃집에 사는 당신을 위해 꽃을 샀다
당신은 놀이공원에 가자고 했고
이웃집에 사는 당신은 바다가 보고 싶다고 했다
부산포에 왜구가 출몰했다는 소문이 자자했으므로
이웃집에 사는 당신은 가까운 바다를 찾았다
가까운 미래에 서울이 함락될 거라고 믿었지만
그건 당신의 말이었고 이웃집에 사는 당신은
말이 달랐다 전선을 따라 맹렬하게 북상 중인
벚꽃도 말이 서로 달랐다 한쪽이 봄이었다면
한쪽은 아직도 왕조의 그늘 밑에 있었다
행여 나라님이 당신들을 저버리고
국경을 건넜다면 그래서 당신의 말이 맞다면
이웃집에 사는 당신의 말은 또 달랐다
당신이 겨울 바다에 푹 빠져 있다면
이웃집에 사는 당신은 달리는
청룡열차의 말을 믿었다 믿고 있었다
가까운 미래에 경의선이 뚫린다는 소문이 파다했다

내일은

내일은 계절의 여왕 오월에 걸맞게 전국에 함박눈이 내렸다 사람들은 기가 막힌 날씨에 들떠서 줄줄이 교외로 빠져나가고 시내는 텅 비었다 내일은 프로 야구장마다 관중들이 꽉꽉 들어찼고 다저스의 찬호는 잦은 부상에도 불구하고 260경기 연속 안타 행진을 계속하였다 내일은 무하마드 알리가 은퇴한 지 30년만에 헤비급 챔프의 자리에 올랐고 나비처럼 날아서 벌처럼 떨어라 아니 털어버리라고 돌아가신 아버지가 내일은 다시 돌아와 유언을 번복하시고 나는 다시는 제사 같은 건 지내지 않아도 되었다 내일은 보이지도 않는 먼 별이 그보다 더 먼 별에게 두드려 맞는 것이 보였고 가슴 깊이 멍이 든 어머니는 장례가 끝나자 곧바로 나와 동거에 들어갔다 내일은 벌써 5개월 된 그녀가 지겹다고 투덜거렸고 나는 우리 사이 그만 이쯤에서 지우자고 제안했다 그러자 내 일은 내가 알아서 한다고 배 속의 아기가 버럭 고함을 질렀고 마리아는 마리아대로 만삭의 배를 이끌고 화장실로 기어들어 갔다 내일은 태초의 거룩한 말씀이 하수구를 통해서 올라왔고 사람들은 온종일 썩는 냄새에 코를 막고 지나갔다

전봇대와 고양이의 마을

아침마다 썩는 냄새가 풀풀 쌓이는 마을, 이 마을 정중앙엔 커다란 전봇대가 하나 서 있다 사람들은 이 전봇대를 중심으로 밤새 쓰레기를 쌓아두고 집으로 돌아간다 날이 밝으면 전봇대 꼭대기에서 도둑고양이들이 내려와 쓰레기 더미를 뒤진다 꼬리를 잔뜩 세운 고양이들은 밤새 참아왔던 허기를 게워내고 날카로운 이빨 사이로 썩는 냄새를 꾹꾹 채워 넣는다 오전과 오후 내내 도둑고양이들이 만찬을 즐기는 동안 집집마다 인간들은 밤새 내놓을 쓰레기들을 장만하느라 정신이 없다 이윽고 쓰레기를 장만하지 못한 집들의 불안과 초조에 뒤섞여 저녁이 몰려온다 저녁이 밤으로 바뀌기 전에 도둑고양이들은 전봇대 꼭대기로 올라가고 잔업에 밀린 인간들은 피곤함도 잊은 채 마지막까지 쓰레기 만드는 일에 열중한다 전봇대를 중심으로 밤새 쓰레기들이 차곡차곡 쌓이고 가까스로 목표량에 도달한 인간들은 오늘도 무사히, 안도의 한숨을 내쉬며 집으로 돌아간다

비의 공습

오늘 비의 공습이 있었다 치명적인 비의 공습이 재개된 것이다 사람들은 제 몸뚱이의 몇 배나 되는 우산을 뒤집어쓰고 거리를 뛰어다녔다 민첩한 고양이들은 지하 주차장으로 대피했지만 공원 벤치에서 해바라기를 즐기던 노인들은 고스란히 비의 세례를 받아들여야 했다 검버섯 핀 노인들의 이마가 벌겋게 달아오르고 사거리에서 용맹을 떨치던 이순신 장군은 매캐한 냄새와 함께 더운 김을 피워 올렸다 앞서 대피한 인간들은 시뻘건 물이 올라오는 바지를 벗어 던지고 입안 가득 독한 중화수를 들이켰다 발목뼈가 훤히 드러난 사람들 틈에서 대책의 목소리가 튀어나왔지만 피할 수 없는 비를 직감한 창밖의 식물들은 앞다투어 씨를 버렸다 망연자실 녹아내리는 잎사귀와 잔가지를 쳐다보며 우리는 여태 돌아오지 못한 아이들의 이름을 하나둘씩 지워갔다

대화

그것들이 하는 유일한 생각들을 붙잡아내야 하는데
그것들은 생각하지 않는다
생각하는 것은 그들이다

그것들은 말을 하지 않는다
그들이 말을 한다
그것들이 말을 한다고

말을 걸어오는 것은 그들이다
황급히 달아나는 새 떼를 향하여
그 자리에 개가 서 있다

짖고 있다

두 개의 사건

저 개와 이 개가 얼마큼 붙어 있어야 한 몸일까?

나는 두 사람의 입을 말하고 있다
한 사람은 여기 있고 한 사람은 여기 없는
개를 쫓아갔다

강변을 따라서 산책하는 사람들 중에
그 개의 행방을 묻는 사람이 있다
모르는 얼굴도 있다 누가 데려갔을까?

갔던 길을 또 가는 이 길을
문득 뒤돌아보는 한 사람의 긴 행렬을

의심하기 위해 그는 여기 왔다
저 개와 이 개가 얼마큼 붙어 있어야 한 몸일까?

들어가서 나는 각자 투표한다 두 사람의 뜻을 모아서
한 사람은 여기 있고
나머지는 모두 개를 쫓아갔다, 으르렁거리며

벌레와 너와 나의 관계

벌레를 사이에 두고 너와 나는 벌레가 아니다, 그러나 벌레로서 만난다, 내가 벌레라면 벌레를 말하는 네 눈도 더듬이에 가까워서 벌써 간지럽다, 겨드랑이 사이, 발가락과 발가락 사이, 타고 오르는 정강이 부근의 더듬이도 네가 말하는 방식, 내가 더듬는 방식, 둘 다 혐의가 짙다, 벌레라는 혐의가 아직도 깊고 푸르다, 멍 자국, 너는 멍에서 만나고 나는 고름으로 흘러서 꼭 빗방울 같다, 비는 빗속에 섞여서 대답을 부른다, 간지럽다, 저녁을 향해서 날아가는 하루살이들의 쏜살같은 속도, 평생을 준비해서 울음이 섞이는 방식, 너는 벌레가 아니다, 울음이 아니다, 아, 눈물이 아니다, 벌레를 사이에 두고 너와 나는 벌레가 아니다, 맨살의 느낌이 좋다, 밟고 간다,

벽 속의 노크

벽지마다 꽃이 피고 하얀 종이꽃이 피고 이쪽과 저쪽이 궁금한 나는 캄캄한 벽 속에 갇혀 노크를 한다 대답 대신 흐드러지게 꽃 피는 소리 아아 이쪽과 저쪽이 마구 교미하는 소리 도도한 공간이 시간을 못 견디는 소리 캄캄한 벽 속에서 늙은 별이 뚝뚝 발톱을 깎는 소리 먼지의 욕망이 뭉치고 뭉쳐 다시 별빛이 되는 소리 도저히 시간이 쫓아올 수 없는 소리 그 소리에 맞춰 꽃이 피고 하얀 종이꽃이 피고 벽 속에 갇힌 나는 캄캄한 어둠에 대고 낙관을 찍는다 똑똑!

숨쉬는 무덤

문이 열리고 아무도 없는 마루가 보인다
아무도 없는 마루 한가운데 그가 즐겨 앉는
의자가 안 보이고 원목의 의자에 어울리는
책상이 안 보인다 책상 위에 놓인 양장본의
노트가 안 보이고 언제나 뚜껑을 열어놓은
고급 만년필이 안 보인다 머리를 긁적이며
깨알같이 써 내려가는 그의 글씨가 안 보이고
때마침 불어오는 바람에 긴 머릿결을 내맡기는
그녀가 안 보인다 햇살 고운 그녀와
아침마다 잎을 떨구는 초록의 나무가
안 보이고 묵묵히 초록나무를 키워 온
환한 빛의 화분이 안 보인다 너무 환해서
웃음까지 삼켜버린 둘의 사진이 안 보이고
영영 안 보이는 그녀 가슴에 얼굴을 파묻고
우는 그의 어깨가 안 보인다 허물어져가는
그의 얼굴과 그녀의 오랜 손길이 안 보이고
아무도 없는 마루를 저 혼자 떠도는
먼지가 안 보인다 문이 열리고
아직도 살아 숨쉬는 그의 빈방이
안 보인다

말들

그럼에도 곧바로 날아가는 말들이 있고
날아가서 돌아오지 않는 말들이 있고
꼭 망가져서 돌아오는 말들이 있고
꿈속을 기어서라도 돌아오는 말들이 있고
나는 그걸 치욕이라 부르고
그럼에도 돌려세우지 못하는 말들이 있고
매정하게 돌려세우는 말들이 있고
도망가는 말들이 있고
엎어지는 말들이 있고 시체가 될 때까지
너무 많은 약을 뿌려야 했고
먹어야 했고 그럼에도
기어드는 말들이 있고
내 가죽보다도 뻔뻔한 말들이 있고
나가지 않는 말들이 있고 시체가 될 때까지
내보내지 않는 말들이 있고
내가 기억하는 것만 기억하는 말들이 있고
기억보다 앞질러서 가는 말들이 있고
거리를 곧장 달려가는 말들이 있고
거리를 온통 쓸어 담는 말들이 있고
와중에도 흘리는 말들이 있고
이 모든 걸 다 말할 수 없는 말들이 있고

에버엔딩스토리

아무 말도 할 수 없을 때에는
시작하자마자 죽는 이야기를 하지
죽은 뒤에도 끝나지 않는 이야기를
너는 듣지 그리고 나는 너를 말하지 않지
아무 말도 할 수 없을 때에는
끝없이 밤길을 걸어온 한 사나이가
저울질하는 어제와 오늘 아주 짧은 시간과
아주 느린 시 사이 구름은 흐르고
흐르는 초침이 가장 높은 수위를 기록하는 순간
하루는 간단히 바뀌지 골목길을 흘러오는 구름
비닐봉지 끌려오는 검은 길을 걸어서
나는 말하고 느리게 말하고 거칠게도 말하고
너는 잠자코 듣지 그러나 나는 너를 말하지 않지
아무 말도 할 수 없을 때에는 또 어디로 가나
한 사람이 말하고 두 사람이 말하고 내 입 모양을 따라
한 사람이 걸어오고 두 사람이 사라지고
나는 너를 말하지 않지
죽은 뒤에도 시작하는 이야기를
시작하자마자 죽는 이 긴 이야기를

3부

아버지와 화분

아버지는 글씨를 모으셨다 하루하루 알아듣지 못할 글씨를 모으시고 내게는 화분을 주셨다 내가 화분을 들고 외출하는 날에도 아버지는 한 줌의 글씨를 주워 오셨다 그 많은 글씨를 집 안 어디에다 뿌리시는지 마당에도 마루에도 늘 뼛가루가 날렸다 안방에도 내 방에도 겨울이 가고 사월이 오면 늘 꽃가루가 날렸다 가루가루 독한 향이 잠잠해질 때까지 나는 한동안 여자를 불러들이지 못했다 아버지는 글씨를 모으셨다 남은 하루까지 알아듣지 못할 글씨를 모으시고 내게는 화분을 주셨다 내가 화분에 빗물을 꾹꾹 눌러 담는 날에도 아버지는 마당에서 손수 얼음장을 깨셨다 얼음장을 깨고 가루로 만든 글씨를 뿌리셨다 아버지는

밥 대신 빗물을 주셨지요
밥 대신 빗물을 주시고
내게는 화분이 남았지요
화분이 남아서 아직도
거짓말 중이지요
내게 주신 화분을 붙잡고
아직도 거짓말 중이지요
아버지, 머리끝까지 빗물이 차오르면
먼저 혁대를 푸신 분이 누구였나요
누가 먼저 혁대를 풀고 누가
어머니 얼굴에 칼을 대셨나요 아버지

내 얼굴 뒤에 숨은 당신은 그럼 뭔가요
내 얼굴 뒤에 숨어서 내 얼굴을 손질하는
당신은 그럼 또 뭔가요
나는 죽은 사람이란다, 애야

아버지는 글씨를 뿌리셨다 (아버지, 어제는 얼굴도 모르는 나무를 만났어요) 아버지는 글씨를 버리셨다 (아버지, 어제는 얼굴도 모르는 나무를 만나서 아버지 당신의 이름을 들려줬어요) 아버지는 글씨를 죽이셨다 (아버지, 오늘은 하체 없는 나무를 또 만났어요) 아버지는 글씨를 묻으셨다 (아버지, 오늘은 하체 없는 나무를 만나서 아버지 당신의 아랫도리를 벗어줬어요) 아버지는 내 혀를 꾹꾹 밟으셨다

애야, 넌 아직도 시를 쓰고 있구나
물려준 시를 쓰고 있구나
용감해진다는 게 얼마나 용감한 일인지
너는 모르는구나 물려받은 시는
물려줄 수 없는 시란다

아버지는 지금 밖에 계시잖아요
살아서 안에 있는 건 접니다
종잇장보다도 질긴 화분 안에
살아서 안에 있는 건 접니다

살아서 나를 찢는 것도
나를 기억하는
이 글씨를 찢는 것도 너란다
        아버지는 밖에 계시잖아요, 살아서
       안에 있는 건 아직도 아버지의 말입니다
나는 곧 죽을 사람이란다

아버지는 글씨를 모으셨다 아버지는 글씨를 모으시고 남은 하루까지 글씨를 모으시고 내게는 화분을 남기셨다 아버지, 바닥이 빤히 보이는 아버지, 죽음도 이것밖에 안 되는 아버지, 아버지가 시키는 아버지, 아버지를 죽이는 힘으로 아버지, 끝도 없이 늙어가는 아버지, 이것도 내 말이 아닌 아버지, 아버지의 말은 이제부터가 시작이다

호수 여행

나 오늘부터 호수 여행을 떠나요 당신의 아픈 호수 속으로 내 몸을 밀어 넣어요 영혼은 자두나무 꼭대기에 걸어두고 나 오늘부터 여행을 떠나요 가물치보다도 긴 여행을 떠나요 내가 던진 무수한 돌멩이들 긁어모아 구워삶아 이렇게 이렇게 벽돌로 만든 잠수함을 타고 내려가요 당신의 밑바닥으로 보이지 않는 당신의 밑바닥으로 한 덩어리 내 삶의 무게를 달고 내려가요 내려갈수록 한 옥타브씩 가라앉는 당신의 목소리가 들려요 나 거기서 깊고 푸른 당신의 빛깔을 느껴요 귀가 아픈 침묵을 느껴요 가만히 들어보면 호수를 지탱하는 당신의 육중한 숨소리가 들려요 가만히 들어보면 당신의 육중한 숨소리를 잡아먹는 내 영혼의 숨소리도 들려요 또 들려요 내가 그토록 증오하는 내 목소리가 또 들려요 당신의 밑바닥에서 보이지 않는 당신의 밑바닥에서 육중한 당신이 자두나무 꼭대기를 붙잡고 우는 소리가 또 들려요

자두나무 당신

당신과 내가 간편한 사이라서
헤어져도 좋은 간편한 사이라서
당신의 수첩에서 간편한 내 이름을 지우고
냉큼냉큼 잘도 받아먹은 씨앗들
당신의 씨앗들 모두 뱉어서
간편한 목소리로
너무 간편한 목소리로 내가
잘 가, 하고 부르면
당신은 뒤도 안 돌아보고
딱 한 번 돌아보고
가서는 아니 오고
영영 아니 오는 당신에게
간편한 당신에게
간편한 목소리로
너무 간편한 목소리로 내가
자두, 하고 부르면
당신은 자두나무가 되어
불알 주렁주렁 달린 자두나무가 되어
우리 사이에 너무 간편해서 좋은 우리 사이에
씨알 굵은 당신의 목소리를 토해서
게워내서
더러워 더러워

내가 다시 자두, 하고 부르면
당신은 내가 아니라서
간편한 내가 아니라서 불편한 당신은
안개 자욱한 자두나무 숲이 되어
운다네 자두나무 자두나무
당신의 온 숲을 흔들어 운다네

물구나무 당신

자두 속에 자두나무가 산다면
불알 주렁주렁 달린 자두나무가 숨어 산다면
물속에는 물구나무 당신이 누워 산다
물구나무 당신이
똑바로 서서 산다
당신과 정반대인 당신이
주름 많은 당신이
당신과 똑같은 당신을
올려다보며
내려다보며 산다
바람 많은 당신이
씨알 굵은 당신을
올려다보며
내려다보며 그렇게
자두 속에 자두나무 당신이 산다면
내 물속에는 물구나무 당신이 산다
불알 주렁주렁 달린 내 나무가 산다

초록나무 당신

오늘 당신의 구름 한 조각 떼어 먹고 왔습니다. 오늘 당신의 구름 한 조각 떼어 먹고 돌아오는 길에 당신을 닮은 제니[1]를 만났습니다. 오늘 당신의 구름 한 조각 떼어 먹고 돌아오는 길에 햇살 고운 당신을 만났습니다. 내가 기억하는 당신은 초록나무 옷을 걸쳐 입은 당신. 오늘 당신의 구름 한 조각 떼어 먹고 돌아오는 길에 초록나무 옷 속에 간직한 당신의 호수를 보고 처음으로 당신의 눈물을 흘렸습니다. 당신을 꼭 닮은 제니가 괜찮냐고 묻길래, 당신은 내가 기억하는 당신인가? 당신을 꼭 닮은 제니가 당신의 목소리로 내가 기억하는 당신의 목소리로 아니라고, 몇 번이고 아니라고 하여 나는 안심하고 당신을 믿었습니다. 오늘 당신의 구름 한 조각 떼어 먹고 돌아오는 길에 제니를 꼭 닮은 당신을 보고 당신의 초록나무 옷을 보고 나는 처음으로 울었습니다. 오늘 당신의 구름 한 조각 떼어 먹고 돌아오는 길에.

---

[1] 초판본에 등장했던 여러 인물(어니, 제니, 자두, 소설가 곰치씨) 중 지금까지 살아남은 인물은 사실상 제니뿐이다. 작품 속의 등장인물도 세월을 이겨내기는 힘든가 보다 짐작한다. 나까지 포함하여 나머지 인물은 모두 나무 밑의 거름으로 돌아갔을 거라고 짐작한다. 아니면 공기 중에 흩어졌거나.

제니꽃 당신

어제는 당신을 찾아 꽃밭을 헤맸어요 제니꽃 만발한 그곳에서 하루 종일 당신을 피해 다녔어요 지나가는 제니가 길을 묻길래 당신이 있는 곳을 가르쳐줬어요 당신이 제니라는 걸 알면서도 당신이 있는 곳을 가르쳐줬어요 어제는 당신을 찾아 초록나무 숲을 떠돌았어요 지나가는 제니가 거울을 찾길래 당신 사진을 보여줬어요 거울 앞에서 단장하는 당신 얼굴을 보고 제니의 이름을 불렀어요 제니꽃 만발한 그곳에서 처음으로 당신의 이름을 불렀어요 어제는 당신을 찾아 호숫가를 맴돌았어요 지나가는 제니가 어디서 왔냐고 묻길래 제니꽃 만발한 당신 얘기를 들려줬어요 지나가는 당신이 처음 듣는 얘기라고 하여 그 말을 믿었어요 믿고 돌아왔어요 어제는 당신을 찾아…

내 죽음을 손질하는

내 죽음을 손질하는 당신이 내게 말해요. 맡겨놓은 제니는 잘 죽였어요. 살아 있다는 게 너무 신기해요. 아침에 틔우는 제니 꽃을 보고 알았지요. 아, 제니는 죽었구나. 내 죽음을 손질하는 당신에게 내가 말해요. 그럼 이걸 전해주세요. 그리고 내가 죽었다는 말은 하지 말아요. 혹시나 살아 있을지도 모르니까. 이게 뭐예요? 내 죽음을 손질하는 당신이 내게 물어요. 자두나무 씨앗이네요. 전해는 주겠지만 장담은 못 해요. 아마 제니 안에 들어가는 순간 죽어 버릴걸요. 아침에 틔우는 제니꽃을 보면 알 수 있어요. 당신이 살아 있다는 거 제니꽃의 표정만 봐도 금방 알아요. 그러니 나만 믿고 돌아가요. 당신 죽음은 내가 확실히 보장해줄 테니까. 내 죽음을 손질하는 당신에게 내가 물어요. 그럼 당신 죽음은 누가 손질하나요? 몰라요. 제니한테 한번 물어보지요. 제니는 아무것도 모르니까요.

당신나무 당신

당신을 그냥 당신이라고 하면 안 되나
당신 앞에 떡 버티고 선 저 나무를
저 나무의 알몸뚱이 시를
그냥 당신이라고 하면 안 되나
벗길수록 달아나는 당신을
아직도 도망 중인 당신을
쫓아가다 쫓아가다 말고
그냥 당신이라고 하면 안 되나
벗길수록 죽어버리는 당신을
죽었다가 또 달아나는 당신을
여러 개의 당신을 하나하나
그냥 당신이라고 하면 안 되나
당신 앞에 떡 버티고 선 이 시를
시가 아니라고 생각하는 당신을
그냥 당신이라고 하면 안 되나
그래서 당신이 생각하는 시를
지금도 시가 아니라고 우기는
나를 그냥 당신이라고 하면 안 되나
당신 앞에 버티고 선 저 나무처럼
저 나무의 알몸뚱이 시처럼
언제나 여기서 끝나는 내 말을
그냥 당신이라고 하면 안 되나

정말 안 되나

하루는 당신이 와서

하루는 당신이 와서 나에 대해서 쓰겠다고 했을 때, 한번 써보라고 했다. 당신은 처음에 나를 <그>라고 불렀다. <그>라고 부르고 <그>에 대해서 썼다. 당신이 나를 <그>라고 부르면서 나는 <그>가 되었고 사물이 되었고 사건이 되었고 당신은 그게 사랑인 줄 몰랐다. <그>로 인해서 일어나는 착각과 나로 인해서 일어나는 증오가 한 몸인 줄 몰랐다. 시장에서 물건을 사면서도 내 나이가 왜 7만9천8백 원인 줄 몰랐다. 그게 당신이었다. 하루는 당신이 와서 변명을 했고 나는 받아주었다. 처음이었으니까. 하루는 당신이 와서 나를 <당신>이라고 불렀을 때, 나는 내 사랑이 저물었음을 알았다. 나는 <당신>이 되었고 사물이 되었고 사건이 되었고 당신은 그게 결별인 줄 몰랐다. <당신>으로 인해 일어나는 착각과 나로 인해 일어나는 죽음이 한 몸인 줄 몰랐다. 시계를 보면서도 내 이름이 왜 12월하고도 다음 날인지 몰랐다. 그게 당신이었다. 마지막이었으니까. 하루는 당신이 와서 밖이라고 했고 나는 받아들였다. 마지막이었으니까. 죽음을 각오했을 때 당신이 부른 건 내가 아니라 <나>였다. <나>라고 부르는 순간부터 나는 사물이었고 사건이었고 당신은 그게 당신인 줄 몰랐다. 죽는 순간까지도 당신인 줄 몰랐다. 그게 나였다. 방금 전까지의 나였다. 하루는 당신이 와서…

4부

증명사진

내가 찍기도 전에 그는 먼저 움직인다 내가 찍기도 전에 그는 이제 등장하지 않는 인물이다 지금은 우리들 중 한 명이 그걸 대신하고 있다

나는 너무 오래 기다렸다

이 문장이 다시 씌어지는 예문 하나

사라졌던 그가 암 덩어리로 발견되었다 그 시각에 나는 통증을 제거하는 수술을 받는다고 우리가 들었다 그러자 세상에서 가장 긴 문장을 쓰는 사람을 알고 있다고 내가 말하는 것이었다 그 사람은 지금 수술실에 있다 암 덩어리로 발견되는 그 시각 나는 무슨 일이 일어난 것일까 이따위 질문은 나밖에 할 사람이 없다고 우리는 확신한다 모든 증거가 충분하고 어떤 증거는 불충분했다 사라졌던 그가 암 덩어리로 발견되는 그 시각 나는 누가 내 얘기를 들어줄 것인지 우리가 지켜볼 것이다 이 문장은 다시 씌어질 가능성이 매우 높다

밤에 오는 사람

조금 있으면 눈이 내린다 잠깐 옆에 서 있는 사람은 밤을 새워 산책한 이유를 말해주지 않는다 눈썹 밑으로는 전부가 그늘이기 때문이다 나는 누가 내 손을 잡고 가는지 잠깐 옆에 서 있는 사람이 지켜볼 것이다 여기서는 대부분이 밤에 오는 사람이다

조금 있으면 눈이 내린다 여기서는 대부분이 밤에 오는 사람이고 어떤 바람은 쉽게 썩는다 나는 둘 중에서 가운데 바람을 택하고 또 이렇게 말하는 것이다 내 몸으로 태어나서 잠깐 옆에 서 있는 사람은 빈틈없이 공기를 껴안고 또 이렇게 우는 것이다 나는 겨우 괴로웠다

조금 있으면 눈이 내린다 이 문장은 어긋날 가능성이 매우 높다

얼음의 표정

할머니 서른 살에 아버지 낳으시고 어머니 스물네 살 때 날 낳으셨다. 이건 우리가 익히 들어온 바다. 어머니 스물네 살 때 날 낳으시고 아버지 마흔아홉에 세상을 버리셨다. 향년 50세. 소환장은 우리가 발부하였다. 내 나이 열 살 때 처음으로 병아리를 키웠고 동생의 죽음은 그로부터 1년 뒤의 일이다. 트럭 뒷바퀴에 두개골이 으깨지는 순간 우리는 태연하게 현장 검증을 했고 동생이 올려다본 하늘을 트럭 밑에서 내가 보았다. 그로부터 10년 전 월남 갔다 온 삼촌이 죽었고 자살이라는 건 나보다도 그 아들이 더 모른다. 우리가 얘기해주지 않았기 때문이다. 이 모든 얘기를 지금은 내가 하고 있고 우리들 중 한 명이 그걸 듣고 있다. 할머니.

세월을 녹여내면서 마지막에 남는 것이 또 얼음이다. 너무 많은 말을 숨기고 사는 우리 나이로 여든아홉, 할머니는 천천히 얼음이 굴러가는 소리를 듣는다. 얼음처럼 슬픈 동물도 없다는 건 이제 와서 우리가 내린 결론이다. 할머니는 안에서 몹시 뜨겁다.

죽은 사람

거기서 거기까지 걸어서 왔다 무릎이 떨어지고 나면 하나 남은 성기로 걸어서 왔다 거기서 거기까지 나, 말도 안 되는 사랑을 고백하고 돌아와서는 오래오래 그 사랑을 발음했다 거기서 거기까지 뒤에서 나를 욕하는 자는 또 우리들이고 나는 괜찮고 문득 내가 너를 사랑한 사람이 보고 싶었다 거기서 거기까지 내가 너를 사랑한 사람은 지금 여기에 없고 뒤에서 나를 위로하는 사람은 또 내가 아니다 거기서 거기까지 그날은 옷을 벗어두고 왔고 그날 내가 너와 몸을 섞은 사람은 지금 여기서 풀이 돋는다 거기서 거기까지 한 사람이 사라졌고 내가 너를 기억하는 사람이 또 연기를 피운다 거기서 거기까지 나, 기어서 왔고 날아서도 왔다 문득 내가 너를 사랑한 사람이 보고 싶었다

몽유병원도

나는 한 사람이 죽었다고 생각하지 않는다
나는 한 사람이 죽었다고 생각하지 않는데 넌 누구니?
이렇게 말하는 나 또한 우리가 모르는 일인데
이 사람이 언제부터 말을 놓고 있었나
세포가 되는 것은 그다음이고 새벽이니까
가능한 일이다 내 들은 바에 의하면
주로 여기서 시체를 사고팔고 두 번째 나는
나무가 끌고 가버렸다 우리가
내 몸값을 흥정하는 동안에도
나는 끝까지 용의주도하고
중간에 렌즈를 갈아 끼웠기 때문이다
생각을 한 번 두 번 세 번 통과한 뒤에
내 사망 기사를 우리가 읽었던 것이고
다소 과장되어 있었고 더는 벗을 발이 없는 셈이다
이렇게 말하는 나 또한 여기 있을 이유가 없는데
이 사람이 언제부터 이러고 있었나
너무 조용했다

걸어 다니는 지도

이 지도에는 비 오는 날이 빠져 있다 두통이 심한 날도 빠져 있고 무엇보다 새벽이 빠져 있다 내가 걸어 다니는 이 지도에는 어제까지 안개가 끼어 있었다 꽃이 피어 있었다 꽃이 피었다가 사라진 바로 그 지점에 어제까지 한 사람이 누워 있었다 누워 있는 그로부터 이 지도는 유래한다 그의 이름은 이 지도 어딘가에 숨어 있고 안개가 끝나는 지점에서 또 한 사람의 핏줄이 자라고 있다 핏줄이 자라서 사람이 될 때까지 나머지는 걸으면서 생각하기로 했다 이 지도에는 지금 사람이 빠져 있다

부록

벌레 교습소

벌레 교습소에 다닌 지도 서너 달이 지났다. 그사이 나의 손가락은 조금 더 길어졌고 발가락도 조금 더 길어졌다. 손가락 끝에서 보송보송한 솜털이 나는 것과 동시에 발가락 끝에서 끈적끈적한 점액질의 무언가가 묻어 나오기도 했다. 이 정도면 벌레 교습소에 다닌 효과가 전혀 없다고 할 수는 없지만 그럼에도 비슷한 시기에 등록한 다른 교습생들에 비해서 진도가 꽤 늦은 편이다. 진도는 물론 벌레가 되어가는 진도다. 한 녀석은 가히 속도라고 불러도 될 만큼 진도가 빠르다. 나보다 처진 교습생도 있지만 내가 거기까지 신경 써야 할 이유는 없지 않은가. 문제는 나의 진도다. 나보다 빠른 진도와 비교해서 내 진도는 지나치게 더딘 것 같고 그래서 아무리 부정하려 해도 자꾸 이런 회의가 드는 것이다. 혹시라도 내가 재능이 없는 것이 아닐까. 없는 재능을 억지로 밀어붙이고 있는 것은 아닐까. 재능이 없다면 이쯤에서 포기하는 것이 현명한 선택 아닐까. 벌써 팔다리가 쭉

쭉 늘어나는 동료들 옆에서, 일부는 서너 개의 팔다리가 더 생기기 시작하는 그 잘난 동료들 곁에서 내가 얼마나 더 뻔뻔하게 버틸 수 있을까. 생각할수록 그 모든 생각들이 확신에서 멀어져 간다. 하기야 내게 처음부터 어떤 확신이란 게 있었는지도 불분명하다.

오늘 새로 등록하러 온 교습생 앞에서 관장이자 원장이자 소장은 이렇게 물었다. 왜 벌레가 되고 싶습니까? 벌레 교습소에 처음 발을 디딘 그 친구의 대답은 의외로 간단했다. 벌레가 내가 될 수는 없잖아요. 관장이자 원장이자 소장은 고개를 끄덕이더니 등록 절차를 알려주고 석 달 치 교습비를 미리 받았다. 나는 일 년 치를 미리 내고 등록했다. 그만큼 벌레가 되고 싶은 열망이 컸을 거라고 짐작하지만, 짐작은 짐작일 뿐 내가 왜 벌레가 되고 싶은지는 아무도 관심이 없을 것이다. 나 역시 어떤 확신도 없이 여기까지 왔다. 막연한 짐작과 불안과 회의 속에서 나는 오늘도 팔다리를 쭉쭉 뻗는다. 필요한 약을 복용해가며 오늘도 벌레 교습소로 향하는 나의 발걸음에 조금 더 힘을 실어주고 싶지만, 진도는 형편없이 느리다. 언제가 될지 기약할 수 없는 벌레의 탄생을 기대하면서 고대하면서 하루하루가 더디 간다. 관장이자 원장이자 소장이기도 한 그분의 말씀은 몇 달이 지나도 한결같다. 몇 년이 지나도 마찬가지일 것이다. 재능을 의심하지 말라는 말. 열망하는 정도가 곧 재능이라는 말. 그러니 더 열망하라는 말. 그러다가 나의 벌레는 완전히 죽을 것이다. 벌레가 되려는 열망도.

어쩌다가 내가 벌레가 되고 싶어졌을까? 물어봐야 소용없는 질문을 내가 하고 있고 내가 아니면 또 누가 할 것이고, 누가 한다면 또 누가 대답해줄까 도무지 알 수 없는 곳에 벌레 교습소가 있다. 벌레 교습소에서 멀지 않은 곳에 나의 집이 있다. 나의 방이 있고 거기에는 지금 나 혼자 산다. 나 혼자 사니까 나 혼자 나오고 나 혼자 들어가는 그 방에서 누구라도 한 사람이 더 나오다면 누구보다 내가 더 반가울까? 이마저도 확신할 수 없는 곳에 한 사람의 방이 있고 벌레가 되고 싶은 한 사람의 집이 있고 거기서 멀지 않은 곳에 벌레 교습소가 있다. 문제의 벌레 교습소는 내가 발을 디딘 순간부터 문제이고 그 이전에는 있었는지 없었는지조차 알 수 없는 상태로 있어왔을 것이다. 언제부터 있어왔을까? 언제까지 있어오는 상태를 이어갈 수 있을까? 관장이자 원장이자 소장의 얼굴에서 그걸 짐작할 수 있는 단서는 없다. 그저 오래되었다는 사실과 앞으로도 오래될 거라는 사실을 어렴풋한 그 얼굴에서 짐작할 뿐이다. 아마도 이 세상에서 벌레가 완전히 사멸할 때까지 문을 닫지 않을 벌레 교습소의 하루는 길다. 길고 오래 가는 것 같다. 손가락 하나도 늘어나지 않는 하루가.

  개중에는 벌레가 되기를 그만두는 사람도 있다. 개중에는 벌레가 되려고 다시 찾아오는 사람도 있다. 삼십 년 전에 그만두었다가 삼십 년 만에 다시 찾아오는 사람도 있다. 인간의 나이로 환갑이 다 되어서야 찾아오는 사람도 있다. 환갑을 훌쩍 넘겨서야 찾아오는 사람도 있다. 새파랗게 젊은 친구들 옆에서 하루하루 굳어가는 관절을 조금이라도 더 늘리려고 애쓰는 인간들이 있다. 저 사람은 왜 벌레가 되고 싶을까? 인간이 되기도 힘든 나이에. 인간으로도 얼마 안 남은 저 나이에. 다 늦은 나이에 벌레가 되고 싶어 버둥거리는 그들에게 관장이자 원장이자 소장은 이렇게 말하고 이렇게 그들을 다독인다. 늦은 나이에는 늦은 나이에 걸맞은 벌레가 있습니다. 그것이 되어야 합니다. 그것이 되려고 노력해야 합니다. 어린 친구들의 벌레는 어린 친구들에게 맡겨두고 여러분의 벌레는 여러분의 벌레가 되어야 합니다. 여러분이라고 해봤자 서너 명도 안 되는 그들 중 한 사람이 말했다. 저도 그러고 싶지만 몸이 뜻대로 움직이질 않아요. 남들이 서너 동작을 할 때 저는 겨우 한 동작을 따라 하면서 한숨을 쉽니다. 숨이 차서 쉬고 힘에 부쳐서 쉬고 무엇보다 한 스러워서 쉽니다. 벌레가 되지 못한 나의 일생을. 진작에 되고 싶었을지도 몰랐을 나의 벌레를. 나의 벌레가 나의 벌레더러 가엾다고 합니다. 그 벌레는 저기 있습니다. 불쌍한 벌레도, 불쌍한 벌레를 불쌍하다고 여기는 벌레도 저기 있습니다. 저기서 오지 않습니다. 언제 올까요?

　저기 있는 것이 보인다면 저기로 가십시오. 저기 있는 것이 안 보인다고 해도 저기로 가십시오. 여기는 벌레가 되고 싶은 곳입니다. 여기는 벌레가 되려고 온 자들의 천국입니다. 아니면 지옥이겠지요. 여기서 저기로 이동해 가는 수많은 벌레가 되고 싶은 자들의 사체가 벌레처럼 보일 때까지 팔다리를 뻗고 조금이라도 더 뻗고 닿지 않으면 닿지 않는 대로 뻗고 닿았으면 닿은 데서 다시 뻗는 당신의 팔다리를 벌레처럼 귀히 여기십시오. 관장이자 원장이자 소장의 말은 너무 지당해서 지겹고 지겨워도 다시 들으면서 또 몇 달이 가고 있다. 몇 달째 계속되는 저 말이, 몇 년째 아니 몇십 년째 계속해왔는지 알 수 없는 저 말이 지겨워서 떠나는 자들도 있다. 떠나서는 다시 돌아오지 않는 이들 중 몇몇은 다른 벌레 교습소를 찾아가서 다른 벌레가 되는 방식을 고민하겠지만, 그 또한 벌레의 길이니 책망하지 않는다는 말도 몇 달째 들어오고 있다. 관장이자 원장이자 소장의 말은 그러나 뒤에다가 꼭 이런 군말을 덧붙인다. 벌레가 되려고 여기저기 교습소를 옮겨 다니는 이들치고 단 하나의 벌레가 된 경우를 본 적이 없습니다. 단 하나의 벌레는 이 세상에 없는 벌레입니다. 아직까지 없는 벌레여야 합니다. 여기저기를 날파리처럼 잘도 옮겨 다니는 이들에게 어울리는 벌레도 그래서 날파리입니다. 날파리에게도 날파리 고유의 미학이 있지 않나요? 이렇게 반문하는 자가 있다면 그건 필시 나이겠지만, 나 역시 반문하지 않는다. 나는 나의 벌레만으로도 벅차다. 날파리인지 풍뎅이인지 아니면 다른 무엇인지 알 수 없는 나의 벌레가 가장 벅차다. 다른 벌레는 귀에 들어오지 않는다. 관장이자 원장이자 소장이라는 저 작자의 벌레 같은 조언도 첨언도 격언도 모두 귀에 들어오지 않는 곳에 나의 벌레 교습소가 있다. 너의 벌레 교습소도 있다. 그의 벌레 교습소도 있고 그래서 벌레 교습소는 모두 저마다 따로 있는 것 같다. 그중의 하나가 나의 벌레 교습소라면 나머지 벌레 교습소는 모두 어디 있는 것일까? 어딘가에 있겠지. 각자의 방식으로. 각자의 욕망대로 여기 이 벌레 교습소가 있다.

내 욕망에 충실한 나의 벌레 교습소는 오늘도 문을 열고 교습생들을 받는다. 벌레와 무관한 자는 결코 찾아오지 않는 곳에 나의 벌레 교습소가 있다. 너의 벌레 교습소도 있다. 너의 벌레 교습소는 나보다 오래된 벌레 교습소의 시간을 거느리고 하루를 맞이하고 있다. 너는 이 벌레 교습소에 발을 디딘 지 일 년

이 넘어간다고 했다. 이전에는 다른 벌레 교습소를 전전하다가 왔다고 했다. 관장이자 원장이자 소장이 은근히 멸시하는 타입의 교습생이지만, 이번이 마지막이라는 생각으로 너는 이곳에 왔다. 이곳에 발을 디디고 팔다리를 뻗는다. 이곳에 머리를 들이고 생기다 만 더듬이를 뻗는다. 언뜻 봐서는 죽순처럼 보이지만 우후죽순 자라는 때의 죽순은 결코 아닌 더듬이를 뻗고 또 뻗는다. 엄지손가락보다 더 뭉툭한 그 더듬이를 가진 자가 그래도 너다. 나는 아직 팔다리도 제대로 뻗지 못했다. 진도의 차이에도 불구하고 너와 나는 친구다. 친구가 아니라면 동료라고 해두자. 동료가 아니라면 잘 아는 사이라고 해두자. 너와 나는 벌레가 되어가는 와중에 만났고 친구가 될 수도 있었고 연인이 될 수도 있었고 영영 남남이 될 수도 있는 와중에 만났고 둘 다 말이 없었다. 벌레가 되어가는 너의 아름다운 자태를 다른 교습생들 역시 아름답다고 말하지만, 너는 도무지 성에 차지 않는다. 묵묵하게 표정으로 말하면서 불안하게 팔다리와 손끝과 발끝을 뻗는다. 아름다운 도중에 있는 벌레는 얼마든지 많다는 사실을 다른 벌레 교습소에서도 충분히 보아왔고 겪어왔고 그중에 또 얼마나 아름다운 도중의 벌레들이 아름다운 도중에 그만두어버렸는지도 너의 발가락은 기억한다. 너의 손가락도 마디마디 기억한다. 관절마다 불안하게 꺾이는 소리가 들린다. 언제 그만두더라도 누구 하나 나무라거나 안타까워하지 않는 곳에 너의 벌레 교습소가 있다. 나의 벌레 교습소가 있다. 다만 있다. 벌레가 되어가는 네가 있다. 벌레가 되어가려는 내가 있다.

 제각각의 벌레가 있듯 벌레가 되어가는 제각각의 인간이 있고 벌레 교습소에서 만난 여러 인간들 중 몇몇은 도무지 나와 기질이 맞지 않는 인간들이다. 나와 벌레가 맞지 않는 인간들이라고 해도 하등 이상할 것 없는 그들 중 하나는 등 뒤의 피부가 일면서 벌써 날개를 갖춰가고 있다. 그만큼 자부심이 넘친다. 자부심이 넘치다 못해 이미 벌레가 된 것처럼 나머지는 아예 벌레 취급도 하지 않는 태도가 꼴사납지만 저 또한 벌레의 일원이라는 것을 배제할 수 없는 곳에 다시 벌레 교습소가 있다. 인간은 저마다 다르다. 벌레도 저마다 다르다. 되고 싶은 벌레도 되어가는 벌레도 되어버린 벌레도 저마다 다르므로 벌레 교습소는 우아하게 벌레 교습소라는 간판을 내걸고 여태까지 운영되는지도 모르겠다. 모두가 같은 벌레였다면 벌레일 것이라면 이 얼마나 재미없는 벌레들의 천국일 것인가. 관장이자 원장이자 소장의 말은 저마다 다른 벌레를 향하면서 매번 같은 말을 한다. 단 하나의 벌레. 이때까지 없던 단 하나의 벌레. 앞으로도 없을 단 하나의 벌레. 그 벌레를 찾아서 모여드는 교습생들이 대체로 절망하는 것도 그래서 단 하나의 벌레. 유일무이한 벌레. 아직까지 어떤 이름도 붙어 있지 않은 벌레. 벌레가 되어서야 받을 수 있는 단 하나의 벌레로서의 칭호. 벌레가 된 뒤에도 계속 갱신해가는 과정에 있는 단 하나의 벌레로서의 칭호. 너는 어떤 벌레가 되고 싶니? 누군가 이렇게 묻는다면 관장이자 원장이자 소장은 어떻게 대답할까? 이미 벌레가 되어버린 자신을. 이미 벌레가 되고도 남은 자신을. 아직도 벌레이기를 욕망하는 자신의 벌레를 어떻게 추슬러서 설명할까?

문제는 앞으로의 벌레입니다. 이제까지의 벌레는 이제까지의 벌레일 뿐입니다. 여러분 앞에는 여러분 앞의 벌레밖에 없어야 합니다. 이 또한 벌레 씹는 표정으로 수없이 들은 바이지만, 딱히 틀린 얘기도 아니라서 반문하지 않는다. 다만 지금의 벌레됨이 너무 지겹다는 사실. 지금의 벌레다움이 너무 못마땅하다는 사실. 이 정도 벌레일 바에야 자존심이 상해서라도 때려치우고 싶다는 생각이 머릿속에서 부글부글 끓어오를 때 벌레 교습소의 하루가 저문다. 몇 년이 지난다고 해도 변치 않을 하루가 저문다. 내일은 내일의 벌레가 찾아와야겠지만, 그래 봤자 오늘과 얼마나 다를까 싶은 곳에 다시 벌레 교습소가 있다. 나도 성실한 다리 하나를 가졌으면 하는 소망. 있다. 비딱한 손가락 하나를 더 챙겼으면 하는 욕심. 있다. 못났더라도 등 뒤로 삐죽 솟은 날개에 몸을 매달고 싶은 욕망. 분명히 있다. 내가 벌레가 된다면 벌레가 되고도 남는다면 이따위 잠꼬대 같은 소리도 잠잠해지겠지만, 벌레 교습소의 하루는 길다. 길고 멀고 끝이 없는 것 같다. 아무리 뻗어도 팔다리의 끝은 여기까지. 발가락의 끝도 여기까지. 손가락의 끝은 지칠 대로 지쳐서 꾸벅꾸벅 다리를 졸고 있는 관장이자 원장이자 소장의 어깨를 두드렸다. 이제 마칠 시간입니다. 관장이자 원장이자 소장은 끔벅끔벅 눈을 뜨더니 다들 돌아가고 나 혼자 남은 벌레 교습소를 빙 둘러보고는 말했다. 너도 참 외로운 정신세계구나. 당신이 그렇게 말씀하신다면 나 또한 이렇게 알아차릴 겁니다. 당신도 참 생각이 많은 발이라는 걸. 그런 생각을 남기고 벌레 교습소를 빠져나왔다. 비로소 혼자 남은 관장이자 원장이자 소장의 그 벌레 교습소도 불이 꺼졌다. 그에게도 돌아갈 집이 있을까? 생각이 많은 발로 그가 어디를 향해 가는지는 그러나 아무도 모른다.

아침달 시집 4

숨쉬는 무덤

1판 1쇄 펴냄 2018년 9월 10일
1판 2쇄 펴냄 2021년 6월 15일

지은이 김언
큐레이터 김소연, 김언, 유계영
편집 송승언, 서윤후
디자인 한유미, 정유경

펴낸곳 아침달
펴낸이 손문경
출판등록 제2013-000289호
주소 03980 서울시 마포구 성미산로 153-16, 2층
전화 02-3446-5238
팩스 02-3446-5208
전자우편 achimdalbooks@gmail.com

© 김언, 2018
ISBN 979-11-89467-01-2 03810

값 10,000원

이 도서의 판권은 지은이와 출판사 아침달에게 있습니다.
양측의 서면 동의 없이 책 내용의 전부 혹은 일부의 재사용을 금합니다

이 도서의 국립중앙도서관 출판예정도서목록(CIP)은
서지정보유통지원시스템 홈페이지(http://seoji.nl.go.kr)와
국가자료종합목록시스템(http://www.nl.go.kr/kolisnet)에서 이용하실 수 있습니다.
(CIP제어번호 : CIP2018026068)

아침달